Género Obra de teatro

I0794926

Pregunta esencial

¿Cómo conseguimos lo que necesitamos?

El zapallo y los juegos

Diego Kochmann • ilustrado por Luis Filella

Personajes

Zapallo	Cebollas	Ajos
Zanahorias	Lechugas	Porotos
Lentejas	Garbanzos	

Escena 1

El más grande

Una cocina en una casa de campo

Zapallo: Se me ocurrieron muy buenas ideas para que juguemos. Vamos a divertirnos mucho.

Cebollas: Tú eres el más grande. A nosotros, quizás no nos diviertan los mismos juegos. Podríamos buscar un juego que nos divierta a todos.

Ajos, zanahorias y lechugas: ¡Sí!

Zapallo: ¡Se me está ocurriendo algo entretenido! Por ejemplo ustedes, las cebollas, pueden tirarse al piso y rodar como pelotitas.

Cebollas: ¿Y si nos chocamos contra la pared?

Zapallo: Vamos, vamos. ¡A rodar! Así, así, muy bien. El ejercicio es muy saludable.

(Unos minutos después).

Cebollas: Estamos muy mareadas, zapallo, debemos descansar.

Ajos: Sí, señor zapallo. Las cebollas están exhaustas sobre el suelo rojizo.

Zapallo: Muy bien, veo que las cebollas están cansadas. Pues entonces, ustedes pueden comenzar a moverse. Vamos, empiecen a saltar. Manténganse unidos y no se separen.

Ajos: Puf, puf, puf...

Zapallo: Qué divertido es todo esto. A ver... zanahorias, ¿qué hacen allí? Están muy quietitas en su cesto. Se me ocurrió algo fabuloso para ustedes. El calor no les hace bien, así que métanse en el refrigerador. Si se les forma un sombrero de hielo sobre sus cabezas, se van a sentir mejor.

Zanahorias: Señor zapallo, es cierto que es un verano caluroso, pero en el refrigerador hace demasiado frío. El doctor nos dijo que un cambio repentino de temperatura nos puede hacer mal. ¡Nos podemos resfriar! ¡Nos podemos congelar!

Zapallo: ¿Cómo se van a resfriar en verano? Un poquito de aire fresco viene bien con tanto calor. En el refrigerador estarán más cómodas. Y no veo ningún ventilador en esta cocina. Ya sé... Acérquense, lechugas. Tengo una importante tarea para ustedes.

Lechugas: ¿Y qué podemos hacer nosotras?

Zapallo: ¡Me vino a la cabeza otra excelente idea! Pueden mover sus cuerpos grandes y frescos, así nos llegará algo de aire para apaciguar semejante calor.

Lechugas: Pues, nosotras también tenemos calor. Además, nos mantenemos frescas gracias al agua. Pero el calor ha evaporado el agua de nuestros cuerpos. Y nos estamos secando...

Cebollas: Nosotras estamos todavía mareadas.

Ajos: Y nosotros estamos muy cansados. ¡Cómo nos gustaría regresar a nuestro huerto!

Zanahorias: ¿Qué podemos decir nosotras? La única solución que se le ocurrió al zapallo es mandarnos al refrigerador.

Cebollas: Es verdad, amigos. O nos morimos de calor o nos congelamos. Ya que el zapallo es el más grande de la cocina, podría tener mejores ideas.

Escena 2

Los más pequeños

Una cocina en una casa de campo en una tarde de verano

Zanahorias: *(a las cebollas)* Miren ahí, cerca del zapallo.

Cebollas: ¡Oh! ¿Quiénes son?

Zanahorias: Son porotos, garbanzos y lentejas. Las trajo esta tarde el agricultor, directamente desde el granero.

Ajos: ¡Qué chiquitos son! Y los dejó cerca del zapallo. Espero que no digan que tienen calor. Seguro que al zapallo se le ocurrirán nuevas ideas para ellos. Si supieran qué vecino les tocó…

Lechugas: Miren, el zapallo rodó hacia ellos. Tal vez les pida que se arrojen a la olla llena de agua para nadar y refrescarse.

Zapallo: Pero, ¿qué veo acá? Parece que son mis nuevos amigos, y tan pequeñitos. ¡Vaya! Son más chicos que mis propias simientes.

Lechugas: Es verdad, señor zapallo. Nuestros nuevos amigos son los más pequeños de la cocina.

Ajos: Por eso debemos cuidarlos.

Zanahorias: Tengan en cuenta que hasta hace poco tiempo estuvieron en la labranza, disfrutando del aire libre, el sol, el fresco rocío... Necesitarán un tiempo para adaptarse a su nuevo hogar. Por eso, será mejor dejarlos descansar y no molestarlos...

Cebollas: Pues, no estoy segura de que sufran el calor como nosotras. Son pequeños, pero tienen una piel que los protege.

Lechugas: El zapallo se durmió. Tenemos que aprovechar esta oportunidad para hablar con nuestros nuevos amigos y advertirles sobre las ideas del zapallo. ¡Vamos!

Zapallo: Zzzzzzzz...

Lechugas: Hola, nosotras somos las lechugas. Queremos decirles algo muy importante.

Porotos, lentejas y garbanzos: Ya sabemos quiénes son pero, ¿qué es lo que quieren contarnos?

Lechugas: Miren, a su izquierda está el zapallo. Venimos a advertirles sobre él. Es una buena verdura y le encanta inventar juegos nuevos. ¡Pero como es el más grande, a veces elige juegos que son muy cansadores para nosotros!

Porotos, lentejas y garbanzos: Gracias por avisarnos, lechugas, pero por más enorme que sea, deberá escuchar nuestras opiniones. Y lo hará. Ya lo verán con sus propios ojos.

Escena 3

Saber escuchar

Una cocina en una casa de campo

Porotos: *(a las lechugas, las cebollas, las zanahorias y los ajos)* Ustedes no deben preocuparse por las ocurrencias del zapallo. Estamos seguros de que quiere lo mejor para ustedes.

Ajos: Eso es muy fácil de decir pero, ¿cómo podemos negarnos a sus juegos? Él es tan gigante…

Lechugas: Los ajos dicen la verdad. Nos gustaría hablar con él y explicarle que debemos debatir las ideas entre todos.

Cebollas: Si intercambiamos opiniones, podremos lograr lo que necesitamos.

Zanahorias: ¿Y si se muda a otra cocina? ¿Seríamos más felices?

Cebollas: ¡Oh, no! Lo extrañaríamos y, como buenas cebollas, nos pondríamos a llorar… ¡Snif, snif!

Lentejas: Como el zapallo es el más grande, todos le hacen caso. Pero nosotros tenemos una ventaja aún mayor.

Ajos, lechugas, zanahorias y cebollas: ¿Sí? ¿Cuál?

Lentejas: Pues, nosotras somos chiquitas, pero somos muchas. Si nos unimos, tendremos ideas más entretenidas que él. ¡Y entretenidas para todos!

Lechugas: A nosotras nos parece que el zapallo tiene buen corazón. Siempre se le están ocurriendo ideas para los demás.

Cebollas: Podría tener ideas para él mismo.

Ajos: ¡Ojalá le gustaran otros juegos!

Garbanzos: Entendemos lo que dicen, por eso es necesario hacer algo al respecto. Debemos cambiar esta situación. A todos nos gusta tener al zapallo como amigo, lo que no nos gusta son sus juegos.

Porotos: Ustedes deben aprender a compartir y colaborar con él. También, al ser el más grande, seguramente el zapallo piensa que su responsabilidad es cuidarnos y que todos tengamos lo que necesitamos.

Ajos: Todos estamos de acuerdo pero, ¿cómo lo lograremos?

Lentejas: Ya encontraremos la solución.

Porotos: Ahora que estamos todos reunidos, debemos crear un plan para que el zapallo quiera escuchar nuestras ideas.

Lentejas: Sí, es bueno que aprenda a compartir con sus vecinos y amigos.

Garbanzos: Podríamos hacer un trueque.

Lentejas: ¿Un trueque? ¿A qué se refieren?

Garbanzos: Por ejemplo, que él se comprometa a escuchar nuestras ideas y nosotros le haremos un regalo como muestra de nuestra amistad.

Porotos: ¿Y qué podremos regalarle? ¿Cómo sabremos lo que necesita?

Garbanzos: Hmm. Es verdad… ¡Ya se nos ocurrió! Acérquense que les contaremos en secreto para que no nos pueda oír.

Escena 4

Buenas ideas

Una cocina en una casa de campo

Zapallo: ¡Hola, amigos! ¿Vamos a jugar?

Porotos: Vinimos a hablar contigo. Estamos aquí para que cambies tu actitud hacia nosotros.

Zapallo: ¿Y qué debo hacer?

Porotos: Es importante compartir para lograr lo que todos necesitamos. No podemos jugar contigo si no tienes en cuenta que somos pequeños.

Zapallo: Yo quiero seguir jugando con todos mis amigos...

Porotos: ¿Pero no crees que debemos decidir entre todos a qué vamos a jugar?

Zapallo: Me parece razonable.

Porotos: Acá llegan los garbanzos, que también quieren hablar. *(A los garbanzos)* Por favor, vengan...

Zapallo: Pero... ¿qué ocurre ahora?

Garbanzos: Queremos apoyar a los porotos y a las demás verduras. Desde ahora haremos los juegos que nos diviertan a todos. Y también escucharemos los deseos de cada uno.

Zapallo: Parece que las legumbres se han puesto de acuerdo. ¿Falta alguien más?

Lentejas: ¡Sí, nosotras!

Zapallo: *(Para sí)* Son pequeñas, pero ¡cuántas son! Seguramente tendrán miles de ideas para realizar nuevos juegos.

Lentejas: Pues entonces, ¿estás dispuesto a compartir con los demás?

Zapallo: Bueno... si me lo piden de esta manera, supongo que sí. Quiero conocer la opinión de todos. A ver, lechugas, ¿qué quieren decirme?

Detective del lenguaje

¿Qué pronombre personal encuentras en la oración subrayada?

Lechugas: Eres grande y te escuchamos. Pero no siempre tus ideas eran lo que necesitábamos.

Cebollas: Tus juegos eran divertidos para ti, pero rodar por el suelo nos hace llorar. ¡Recuerda que somos cebollas!

Ajos: ¿Y las pobres zanahorias?

Zanahorias: Sí, zapallo. Tu única idea fue meternos dentro del refrigerador.

Lechugas: Y se te ocurrió que nosotras podíamos jugar a ser un ventilador.

Zapallo: Pensé que eran ideas muy entretenidas.

Todas las demás verduras: Pero nosotras, ¡nooo!

Garbanzos: Y no se trata solo de eso. Tú eres el más grande de todos, pero nosotros también pensamos en lo que tú necesitas. Por eso te regalamos este abanico para que te refresques en los días de calor. Lo construimos entre todos.

Zapallo: ¡Es hermoso! Y justo lo que necesitaba. De ahora en más seré el zapallo más bueno de todo el mundo. Y aunque ustedes son muchos, los escucharé uno por uno.

Todas las demás verduras: ¡Hurra! ¡Viva el zapallo!

Detective del lenguaje	¿Qué pronombre personal encuentras en la oración subrayada?

Zanahorias: *(A los porotos, garbanzos y lentejas)* Queremos agradecerles por habernos ayudado.

Lechugas: Es cierto, por eso queremos hacerles un obsequio, como un pago por su gran obra...

Porotos: De ninguna manera, lechugas. No queremos nada a cambio. El mejor regalo es que la armonía regresó a esta cocina.

Lentejas: Además, esto se logró porque todos nos unimos. Y el zapallo comprendió que no hay nada más lindo que intercambiar ideas, ¿no es cierto?

Zapallo: Por supuesto que sí. Desde hoy seré una verdura hacendosa y haré lo que propongan los demás. Y entre todos decidiremos a qué jugar. A propósito, ¿qué podemos hacer ahora?

Zanahorias: ¡Bailar!

Ajos: ¡Eso! ¡Organicemos un baile!

Todas las verduras: ¡Síííííí!

Respuesta a la lectura

Resumir

Usa detalles para resumir
El zapallo y los juegos.
Usa la tabla como ayuda.

Detalles

↓

Punto de vista

Evidencia en el texto

1. ¿Cómo sabes que *El zapallo y los juegos* es una obra de teatro? Identifica un elemento que lo demuestre. **GÉNERO**

2. En la página 12, ¿qué le explican los porotos al zapallo? **PUNTO DE VISTA**

3. Halla una palabra con la terminación *-izo* en la página 3. ¿Cuál es la raíz de esa palabra? ¿Cuál es su significado? **RAÍCES DE PALABRAS**

4. Escribe sobre la lección que aprendió el zapallo gracias a las otras verduras, legumbres y hortalizas. **ESCRIBIR SOBRE LA LECTURA**

Género Texto expositivo

Compara los textos

Lee sobre la importancia del oro.

La tierra del oro

El oro fue uno de los primeros metales en descubrirse y las personas lo han atesorado desde entonces. La búsqueda del oro ha motivado a exploradores y aventureros. Los mineros de oro han arriesgado su vida por él, y otras personas han luchado batallas por él.

Fue el encanto del oro lo que llevó a los europeos a conquistar América Central y América del Sur. Cuando el explorador Cristóbal Colón navegó desde España en 1492, buscaba una ruta rápida hasta Asia. En lugar de encontrar esa ruta, Colón halló el Nuevo Mundo. También descubrió una gran abundancia de oro allí.

Los imperios azteca, maya e inca

Usos del oro

Aztecas	Mayas	Incas
• adornos para vestimentas • joyas • chalecos protectores para soldados	• joyas • adornos para gobernantes	• ceremonias religiosas • sandalias • joyas

Aunque el oro era de valor para las civilizaciones de América del Sur y América Central, no era tan preciado para ellos como para las personas de Europa. De hecho, los aztecas de México le daban más valor a las turquesas y las plumas que al oro. Sin embargo, los aztecas, los incas de América del Sur y los mayas de América Central todos creaban objetos hermosos con el oro, incluyendo máscaras y joyas.

El viaje de Colón abrió las puertas para los conquistadores. Estos eran soldados españoles que venían al Nuevo Mundo por dos razones principales. Querían hacerse famosos conquistando tierras nuevas para España. También querían oro y el Nuevo Mundo parecía tener mucho. Los mitos sobre un lugar donde el oro era tan común como el polvo alentaron a los conquistadores a dirigirse tierra adentro desde la costa con la esperanza de hallar este lugar.

En 1519, cuando los soldados españoles invadieron el Imperio azteca, los aztecas los recibieron con regalos de oro. Creían que los soldados se irían satisfechos con el oro. Sin embargo, esto solo hizo que los soldados se volvieran más codiciosos.

Los aztecas fabricaban hermosas joyas de oro, como este anillo.

Cuando los españoles vencieron a los incas en 1527, el líder de las tropas españolas pidió una enorme cantidad de oro y plata como rescate por la libertad del gobernante inca. Los incas pagaron el rescate y los españoles se llevaron cargamentos enteros de oro y otros tesoros a España.

Las enfermedades que trajeron los españoles mataron a más personas en América Central y América Sur de lo que lo hicieron los mismos soldados. Pero, básicamente, fue la sed europea por el oro lo que condujo a la caída de los imperios inca y azteca.

Haz conexiones

¿Por qué se quiere oro? **PREGUNTA ESENCIAL**

En *La tierra del oro* aprendiste que el oro es muy valioso. En *El zapallo y los juegos*, ¿cuál fue el regalo tan valioso que recibieron las legumbres al final de la obra? **EL TEXTO Y OTROS TEXTOS**

Enfoque: Género

Obra de teatro Una obra de teatro es una historia escrita para ser representada sobre un escenario. Las obras de teatro están divididas en escenas y la trama se conoce a través de los diálogos entre los personajes.

Lee y descubre *El zapallo y los juegos* cuenta cómo las pequeñas legumbres consiguen que el zapallo escuche y acepte las ideas de las otras verduras y legumbres. Descubre cómo el diálogo entre los personajes muestra la trama de la obra.

Tu turno

Escribe una nueva escena que muestre a las verduras y legumbres dando ideas al zapallo para nuevos juegos que diviertan a todos.